The Magic Flute
Vocal Score

Wolfgang Amadeus Mozart

The Classic German/Italian Edition

Piano Reduction by Dr. Wilhelm Kienzl

DOVER PUBLICATIONS, INC.
Mineola, New York

The Magic Flute (Die Zauberflöte) in Full Score
is available in Dover edition 0-486-24783-X.

Bibliographical Note

This Dover edition, first published in 2001, is an unabridged republication
of the work originally published by Universal-Edition, Vienna, n.d., as *Die
Zauberflöte (Il Flauto Magico) / Oper in zwei Akten von W. A. Mozart / Klavier-
auszug neu revidiert von Dr. Wilhelm Kienzl*. All frontmatter is newly added,
including credits, instrumentation, annotated contents and a note.
We are grateful to musicologist Victor Rangel-Ribeiro for providing this
rare edition for republication.

International Standard Book Number: 0-486-41385-3

Manufactured in the United States of America
Dover Publications, Inc., 31 East 2nd Street, Mineola, N.Y. 11501

THE MAGIC FLUTE
(Die Zauberflöte)
K620 (1791)

Opera in Two Acts

Music by Wolfgang Amadeus Mozart

Libretto by Emanuel Schikaneder,
possibly with "Karl Ludwig Giesecke"(stage name of Johann Georg Metzler).
German/Italian edition. Piano reduction by Dr. Wilhelm Kienzl.

First performance
30 September 1791, Theater auf der Wieden, Vienna
The composer conducting

CHARACTERS

Queen of the Night	Soprano
Pamina, *her daughter*	Soprano
An Old Woman/Papagena	Soprano
Tamino, *an Egyptian prince*	Tenor
Monostatos, *a Moor in the service of Sarastro*	Tenor
Papageno, *a birdcatcher*	Bass-baritone
Sarastro, *High Priest of Isis and Osiris*	Bass
Speaker	Bass
Three Ladies, *attendants to the Queen of the Night*	Sopranos
Three Genii (Three Boys)	2 Sopranos, Mezzo (Alto)
Three Priests	Tenor, 2 Basses
An Old Priest	Baritone
Two Men in Armor	Tenor, Bass

Chorus / priests, slaves, attendants

Setting: Ancient Egypt

INSTRUMENTATION

2 flutes (piccolo), 2 oboes, 2 clarinets (basset horns), 2 bassoons,
2 horns, 2 trumpets, 3 trombones, timpani, glockenspiel, strings

ORCHESTRAL REFERENCES IN THE PIANO SCORE

Bässe = basses
Bassethörner = basset horns
Bl. / Bläs. [Bläser] = winds & brass
Blechbl. [Blechbläser] = brass instruments
Br. [Bratschen] = violas

Chor = chorus
Clar. [Clarinetten] = clarinets

Fag. [Fagotte] = bassoons
Fl. / Flöten = flutes

ged. Pk. [gedämpfte Pauken] = muffled kettledrums
Glsp. / Glockensp. / Glockenspiel
Gr. O. [grosses Orchester] = large orchestra

Hlzbl. / Holzbl. [Holzbläser] = woodwinds
Hrn. / Hörner = horns
m. [mit] = with (*or:* same music as . . .)

Ob. [Oboen] = oboes
ohne = without

Picc. = piccolo
pizz. [pizzicato] = plucked string
Pk. [Pauken] = timpani (kettledrums)
Pos. [Posaunen] = trombones

Sgst. /Sgstn. [Singstimme(n)] = vocal part(s)
    [*such as* "Ob. u. Fag. m. Sgstn." = oboe and bassoon
    with (double) the vocal parts]

Str. [Streichinstrumente] = string instruments

Tp. / Tromp. [Trompeten] = trumpets

u. [und] = and [*such as* "m. Fl. u. Fag." = with flute and bassoon]

Vc. / Vcll. / Vcelle = cellos
Viol. [Violine] = violins
V.O. / V. Orch. [volles Orchester] = full orchestra

CONTENTS

Overture   3

FIRST ACT

SECOND ACT

The Magic Flute
Vocal Score

NOTE

In May 1791 Mozart was approached with a commission to compose an opera of a kind completely strange to him and for a theater which was no less foreign. The commission from his old friend, actor-singer Emanuel Schikaneder, though technically a *Singspiel,* involved Mozart in a production vastly different from that in which his last *Singspiel—The Abduction from the Seraglio*—had been produced.

Contrary to the atmosphere of royal patronage that surrounded Mozart's earlier operas, Schikaneder's own Theater auf der Wieden was a people's theater given to lavish spectacle, slapstick comedy, live animals and special effects—popular entertainments often in the form of "magic" operas (Schikaneder's term) laid in a vaguely Oriental setting with a simple fairy-tale plot. It was just such an opera that Schikaneder originally intended *The Magic Flute* to be.

Of great importance is the fact that the production's three collaborators—Mozart, Schikaneder, and co-author Johann Metzler ("Giesecke")—were Freemasons, members of the same Viennese lodge. In some way which has never been conclusively explained there came a moment in the course of the preparation of the opera when the original Oriental-fairy-tale-setting of the libretto was forgotten and the whole thing developed instead into a complex allegory glorifying Freemasonry. Contemporary political trends as well as the recent Masonic history of Austria were all worked into a highly moral and heavily symbolized tale of the ultimate triumph of Good over Evil.

Spike Hughes

Adapted from *A Listener's Guide
to Mozart's Great Operas*
(Dover, 1972)

Die Zauberflöte.

OUVERTURE.

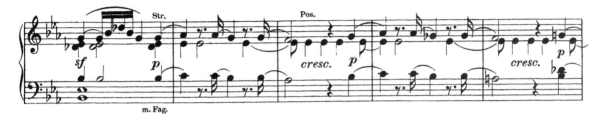

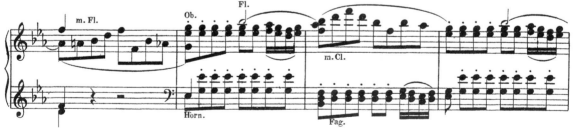

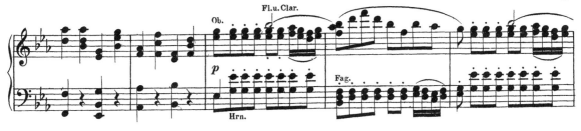

ERSTER AUFZUG.

Rauhe Felsengegend, hie und da Bäume, ein runder Tempel, links vorn ein Felsenlager.

№ 1. INTRODUCTION.

Tamino (eilt mit einem Bogen, aber ohne Pfeil, von einer grossen Schlange verfolgt,

Zu Hül - fe! zu Hül - fe! sonst bin ich ver -
Oh, stel - le! soc - cor - so! nell' a - spro ci -

von rechts herbei.)

lo - ren! zu Hül - fe! zu Hül - fe! sonst bin ich ver - lo - ren! der
men - to, nell' as - pro ci - men - to! soc - cor - so! oh stel - le! in -

li - sti-gen Schlan - ge zum O - pfer er - ko - ren! Barmher - zi - ge Göt-ter!
u - tile è il cor - so il si - bi - lo sen - to, gran Nu - mi del cie - lo!

Schon na - het sie sich, schon na - het sie
Che in - so - li - to ge - lo, gran Nu - mi del

(man sieht die Schlange auf Tamino zustreben.)

sich! ach, ret-tet mich, ach, ret - tet, ret - tet, schü - tzet mich! ach, schü - tzet, schü - tzet,
cie - lo! a - i - ta! a - i - ta! oh cie - lo nel se - no vien

(Die drei Damen eilen mit silbernen Wurfspiessen von links herbei;
sie sind verschleiert.)

1.u.2. Dame.

Stirb, Un-ge-heu'r, durch uns're Macht!
Vin-to è già il mo-stro, già il mo-stro pe-ri!

3. Dame.

Stirb, Un-ge-heu'r, durch uns're Macht!
Vin-to è già il mo-stro, già il mo-stro pe-ri!

ret - tet, ret - tet, ret - tet, schü - tzet mich. (Er sinkt bewusstlos aufs Felsenlager.)
me - no, vien me - no nel se - no il va - lor.

18

Tamino (erwacht, sieht furchtsam umher). Wo bin ich? Ist's Phantasie, dass ich noch lebe? oder hat eine höhere Macht mich gerettet?(Er steht auf und sieht umher.) Wie?— Die bösartige Schlange liegt todt zu meinen Füssen?— (Man hört von ferne ein Waldflötchen.) *) Was hör' ich? Ha, eine männliche Gestalt nähert sich dem Thale.**) (Er zieht sich beobachtend nach dem Hintergrunde zurück.)

*) **) Aenderung: Welche seltsame Gestalt kommt dort auf mich zu?

№ 2. LIED.

Andante.

(Papageno pfeift von ferne.)

Papageno (in einem Federkleid, auf dem Rücken einen grossen Vogel-

bauer mit verschiedenen Vögeln, in den Händen ein Waldflötchen, eilt von rechts herbei)

(er pfeift)

Papageno:

1. Der Vo - gel - fän - ger bin ich ja, stets lu - stig, hei - sa, hop-sa - sa! Ich
2. Der Vo - gel - fän - ger bin ich ja, stets lu - stig, hei - sa, hop-sa - sa! Ich
3. Wenn al - le Mädchen wä - ren mein, so tausch - te ich brav Zu - cker ein; die,
1.*Gente è quì l'uc - cel - la - to - re, chi lo vuole, ec - co - lo, ec - co - lo quà: chi uccel -*
2.*Gente è quì l'uc - cel - la - to - re, chi lo vuole, ec - co - lo, ec - co - lo quà: chi uccel -*

Tamino (tritt ihm entgegen). He da!

Papageno. Was da?

Tamino. Sag' mir, du lustiger Freund, wer du bist!

Papageno. Wer ich bin? (Für sich:) Dumme Frage! (laut) Ein Mensch, wie du. — Wenn ich dich nun fragte, wer du bist? (er setzt den Vogelbauer nieder)

Tamino. So würde ich dir antworten, dass ich aus fürstlichem Geblüte bin.

Papageno. Das ist mir zu hoch. — Musst dich deutlicher erklären, wenn ich dich verstehen soll!

Tamino. Mein Vater ist Fürst, der über viele Länder und Menschen herrscht; darum nennt man mich Prinz.

Papageno. Länder? — Menschen? — Prinz? — Sag' du mir zuvor: giebt's ausser diesen Bergen auch noch Länder und Menschen?

Tamino. Viele Tausende!

Papageno. Da liess' sich eine Speculation mit meinen Vögeln machen.

Tamino. Wie nennt man eigentlich diese Gegend? wer beherrscht sie?

Papageno. Das kann ich dir ebenso wenig beantworten, als ich weiss, wie ich auf die Welt gekommen bin.

Tamino. (lacht). Wie? Du wüsstest nicht, wo du geboren, oder wer deine Eltern waren?

Papageno. Kein Wort! — Ich weiss nur so viel, dass nicht weit von hier meine Strohhütte steht, die mich vor Regen und Kälte schützt.

Tamino. Aber wie lebst du?

Papageno. Von Essen und Trinken wie alle Menschen.

Tamino. Wodurch erhälst du das?

Papageno. Durch Tausch. — Ich fange für die sternflammende Königin und ihre Jungfrauen verschiedene Vögel; dafür erhalt' ich täglich Speis' und Trank von ihr.

Tamino. (für sich.) Sternflammende Königin? — Wenn es etwa gar die mächtige Herrscherin der Nacht wäre! (Laut.) Sag' mir, guter Freund, warst du schon so glücklich, diese Göttin der Nacht zu sehen?

Papageno. (der bisher öfters auf seiner Flöte geblasen) Deine letzte alberne Frage überzeugt mich, dass du in einem fremden Lande geboren bist.

Tamino. Sei darüber nicht ungehalten lieber Freund! Ich dachte nur —

Papageno. Sehen? — Die sternflammende Königin sehen? — Welcher Sterbliche kann sich rühmen, sie je geseh'n zu haben? (für sich). Wie er mich so schief anblickt! Bald fang' ich an, mich vor ihm zu fürchten. (Laut.) Warum siehst du so verdächtig und schelmisch nach mir?

Tamino. Weil — weil ich zweifle, ob du Mensch bist. —

Papageno. Wie war das?

Tamino. Nach deinen Federn, die dich bedecken, halt' ich dich — (geht auf ihn zu).

Papageno. Doch für keinen Vogel? — Bleib' zurück, sag' ich, und traue mir nicht; denn ich habe Riesenkraft. (Für sich.) Wenn er sich nicht bald von mir schrecken lässt, so lauf' ich davon.

Tamino. Riesenkraft? (Er sieht auf die Schlange.) Also warst du wohl gar mein Erretter, der diese giftige Schlange bekämpfte?

Papageno. Schlange? (Sieht sich um, weicht zitternd einige Schritte zurück.) Ist sie todt oder lebendig?

Tamino. Freund, wie hast du dieses Ungeheuer bekämpft? — Du bist ohne Waffen!

Papageno. Brauch keine! — Bei mir ist ein starker Druck mit der Hand mehr als Waffen.

Tamino. Du hast sie also erdrosselt?

Papageno. Erdrosselt! (Für sich.) Bin in meinem Leben nicht so stark gewesen, als heute.

(Die drei Damen erscheinen verschleiert. Die erste trägt ein Gefäss mit Wasser, die zweite einen Stein, die dritte ein Vorhängeschloss und ein Medaillonbildniss.)

Die drei Damen (drohen und rufen zugleich). Papageno!

Papageno. Aha, das geht mich an! — (halblaut zu Tamino.) Sieh' dich um, Freund!

Tamino (halblaut). Wer sind diese Damen?

Papageno (ebenso.) Wer sie eigentlich sind, weiss ich selbst nicht. Ich weiss nur so viel, dass sie mir täglich meine Vögel abnehmen und mir dafür Wein, Zuckerbrod und süsse Feigen bringen.

Tamino (wieder halblaut). Sie sind vermuthlich sehr schön?

Papageno (ebenso). Ich denke nicht! — Denn wenn sie schön wären, würden sie ihre Gesichter nicht bedecken.

Die drei Damen (näher tretend, drohend). Papageno!

Papageno (halblaut). Sei still! Sie drohen mir schon. — (Laut.) Du fragst, ob sie schön sind, und ich kann dir darauf nichts antworten, als dass ich in meinem Leben nichts Reizenderes sah. — (Für sich.) Jetzt werden sie bald wieder gut werden. —

Die drei Damen. (noch näher tretend, drohender). Papageno!

Papageno (für sich) Was muss ich denn heute verbrochen haben, dass sie so aufgebracht wider mich sind? — (Er überreicht den Vogelbauer) (laut) Hier, meine Schönen, übergeb' ich meine Vögel.

Erste Dame. (reicht ihm das Gefäss mit Wasser.) Dafür schickt dir unsere Fürstin heute zum ersten Mal statt Wein reines helles Wasser.

Zweite Dame. Und mir befahl sie, dass ich statt Zuckerbrod diesen Stein dir überbringen soll. (Sie überreicht Papageno den Stein.) — Ich wünsche, dass er dir wohl bekommen möge.

Papageno. Was? Steine soll ich fressen?

Dritte Dame. Und statt der süssen Feigen hab' ich die Ehre, dir dies goldene Schloss vor den Mund zu schlagen. (Sie hängt ihm das Schloss vor den Mund.)

Papageno (zeigt seinen Schmerz durch Geberden).

Erste Dame. Du willst vermuthlich wissen, warum die Fürstin dich heute so wunderbar bestraft?

Papageno (bejaht es durch Nicken mit dem Kopf).

Zweite Dame. Damit du künftig nie mehr Fremde belügst.

Dritte Dame. Und dass du dich nie der Heldenthaten rühmest, die And're vollzogen.

Erste Dame. Sag' an, hast du diese Schlange bekämpft?

Papageno. (verneint es durch Schütteln mit dem Kopfe).

Zweite Dame. Wer denn also?

Papageno (deutet an, dass er es nicht weiss).

Dritte Dame. Wir waren's, Jüngling, die dich befreiten. — Hier, dies Gemälde schickt dir die grosse Fürstin; es ist das Bildnis ihrer Tochter. (Sie überreicht ihm Tamino.) Findest du, sagte sie, dass diese Züge dir nicht gleichgültig sind, dann ist Glück, Ehr' und Ruhm dein Loos! — Auf Wiedersehen! (Geht ab.)

Zweite Dame. Adieu, Monsieur Papageno! (Sie und die dritte Dame gehen mit dem Vogelbauer ab.)

Erste Dame. Fein nicht zu hastig getrunken! (Geht lachend ab.)

Papageno (eilt in stummer Verlegenheit nach rechts ab).

Tamino (hat gleich beim Empfange des Bildes seine Aufmerksamkeit nur diesem zugewendet).

№ 3. ARIE.

Larghetto. **Tamino.**

Dies Bildniss ist be - zaubernd schön, wie noch kein Auge je ge-
Oh! cara im-magine, e sen-za e-guale, che non v'ha simile idea mor-

seh'n! Ich fühl'es, ich fühl'es, wie dies Götterbild mein Herz — mit neu-er Re-gung
tale! Io sen-to nel pet-to, sen-to che i-gno - to ce-le - ste mo-to m'agita il

füllt, mein Herz — mit neu-er Regung füllt.
cor, che un moto ig-no - to m'a-gi-ta il cor.

Dies
Oh!

Et - was kann ich zwar nicht nennen, doch fühl' ich's hier wie Feu-er brennen.
que - sto affet-to non so che si-a; ma l'al-ma mia s'em-pie d'ar-dor.

Soll die Em-pfin - dung Lie-be sein, soll die Em-pfin - dung Liebe sein?
For - se amor m'ha il sen piaga - to, For - se amor m'ha il sen piaga - to?

Erste Dame. Rüste dich mit Muth und Standhaftigkeit, schöner Jüngling!— Die Fürstin—
　Zweite Dame.- hat mir aufgetragen,dir zu sagen,-
　Dritte Dame. dass der Weg zu deinem künftigen
Glücke nunmehr gebahnt sei.
　Erste Dame. Sie hat jedes deiner Worte gehört;
sie hat—
　Zweite Dame.-jeden Zug in deinem Gesichte
gelesen,— ja noch mehr, ihr mütterliches Herz—
　Dritte Dame.-hat beschlossen, dich ganz glück-
lich zu machen.— Hat dieser Jüngling,sprachsie,
auch so viel Muth und Tapferkeit, als er zärtlich
ist, o, so ist meine Tochter ganz gewiss gerettet.
(Die Berge theilen sich; man erblickt einen Sternenhimmel und in seiner Mitte die Königin der Nacht auf einem Throne.)

　Tamino. Gerettet? was hör' ich?
　Erste Dame. Wisse, ein böser Dämon hat Paminen ihr entrissen!
　Tamino. O Pamina, du mir entrissen! Kommt,
Mädchen, führt mich!— Sie sei gerettet!— Das
schwöre ich bei meiner Liebe, bei meinem Herzen! (Kurzer starker Donner.) Ihr Götter, was ist
das? (Es wird dunkel.)
　Die drei Damen. Fasse dich!
　Erste Dame. Es verkündet die Ankunft unserer Königin. (Donner.)
　Die drei Damen. Sie kommt!— (Donner.) Sie
kommt! (Donner.) Sie kommt!

Allegro maestoso. Nº 4. RECITATIV UND ARIE.

ihr.   Noch seh' ich   ihr Zittern   mit ban - gem, Er-
pì.   *Le vo - ci   tre - man - ti,*   *i   pal - pi - ti,*   *i*

schüttern,   ihr ängst-li - ches Be - ben,   ihr schüch-ter - nes
pian - ti,   *le va - ne   di - fe - se,*   *le   stri - da,*   *le of-*

Streben!   Ich musste sie mir rauben se - hen. „Ach helft't! ach helft't!" war Alles, was sie
fe - se ancor mi   so - na - no d'intorno al cor.___ Oh   ciel! oh ciel!   la mi-se-ra gri-

sprach; al-lein ver - ge-bens war ihr Flehen, denn meine Hül - fe war zu schwach,
do.   *A - di - fen-der-ti, Pa - mi-na, ahi! la   ma-dre non ba - stò,*

Allegro moderato.

denn meine Hülfe, mei-ne Hül-fe war___ zu schwach.
ahi! la ma-dre, la   ma-dre non___ ba-stò.

Du, du, du wirst sie zu be-frei-en ge - hen,
Va! ri - tor - la, ri-tor-la al ra-pi - to - ro,

du wirst der Toch-ter Ret - ter sein, ja,
du___wirst der
tu mi puoi ren - der la fi-glia, sì,
tu___ mi puoi

Toch-ter Ret-ter sein.
Und werd' ich dich als Sie - ger
ren - - der la fi-glia!
E___ se tor - ni vin-ci-

se - hen, so sei sie dann auf e - wig dein, so sei sie dann
to - re, gran mer-ce - de a te da - rò, gran mer-ce - - -

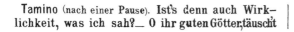

Tamino (nach einer Pause). Ist's denn auch Wirk- | mich nicht, oder ich unterliege eu'rer Prüfung! (Er
lichkeit, was ich sah?— O ihr guten Götter, täuscht | will gehen; Papageno tritt ihm in den Weg.)

№ 5. QUINTETT.

Tamino.
1. 2. D.
ganz al - lein! Drei Knäb-chen, jung, schön, hold und wei - se, um-schwe - ben uns auf
vien se - guir. Tre bei gar - zon lu - cen - ti sull' a - li d'or a noi dal
Papageno.
3. D.
ganz al - lein! Drei Knäb-chen, jung, schön, hold und wei - se, um-schwe - ben uns auf
vien se - guir. Tre bei gar - zon lu - cen - ti sull' a - li d'or a noi dal
Fag. u. Hörn.
Vcell.
1. u. 2. Dame.
T.
uns'-rer Rei - se. Sie wer - den eu' - re Füh - rer sein, folgt ih-rem Ra - the
ciel ver - ran - no. Es - si il sen - tier v'ad - dit - te - ran - no, quei condottier con -
3. Dame.
P.
uns'-rer Rei - se. Sie wer - den eu' - re Füh - rer sein, folgt ih-rem Ra - the
ciel ver - ran - no. Es - si il sen - tier v'ad - dit - te - ran - no, quei condottier con -
Clar.
sf p
Tamino.
1. 2. D.
ganz al - lein! So le - bet wohl! wir wol - len gehn; lebt wohl! lebt wohl! auf
vien se - guir. Oh ca - ri, addio! con - vien par - tir, ah ca - ri, ad - dio! vi
Papageno.
3. D.
ganz al - lein! So le - bet wohl! wir wol - len gehn; lebt wohl! lebt wohl! auf
vien se - guir. Oh ca - ri, addio! con - vien par - tir, ah ca - ri, ad - dio! vi
sf p
Die 3 Damen.
f p
So le - bet wohl! wir wol - len gehn; lebt wohl! lebt wohl! auf Wie - der - sehn, auf
Oh! ca - ri addio! con - vien par - tir, oh ca - ri, addio! vi gui - di o - nor vi
T.
f
Wie - der - sehn! So le - bet wohl! wir wol - len gehn; lebt wohl! lebt wohl! auf Wie - der - sehn,
ser - bi a - mor. Oh! ca - ri addio! con - vien par - tir, oh ca - ri, addio! vi ser - bi a - mor,
P.
f
Wie - der - sehn! So le - bet wohl! wir wol - len gehn; lebt wohl! lebt wohl! auf Wie - der - sehn,
ser - bi a - mor. Oh! ca - ri addio! con - vien par - tir, oh ca - ri, addio! vi ser - bi a - mor,
V.O.
f p f p f p

Wie-derseh'n, auf Wie-der-sehn! (ab nach links).
gui-di o-nor, *p* *vi gui-di o-nor.*

auf Wie-der-sehn, auf Wie-der-sehn! (ab nach rechts).
vi ser-bi amor, *vi ser-bi amor.*

auf Wie-der-sehn, auf Wiederseh'n! (ab nach rechts).
vi ser-bi amor, *vi ser-bi amor.*

Verwandlung.

(Reich ausgestattetes aegyptisches Zimmer der Pamina in Sarastro's Palast. Mittelthüre. Links vorne eine Ottomane.)

№ 6. TERZETT.

Allegro molto. Monostatos. (Pamina hereinschleudernd). Pamina.

Du feines Täub-chen, nur her-ein! O welche Mar-ter, wel-che
Colomba mia, ve-ni-te quà! *Che mostro rio! che cru-del-*

Monostatos. Pamina.

Pein! Ver-lo-ren ist dein Le-ben! Der Todmacht michnicht beben; nurmeine
tà! *Mo-rir, mo-rir do-ve-te!* *La morte io non pa-vento, ma d'una*

Mut-ter dau-ert mich; sie stirbt vor Gram ganzsi-cher-
ma-dril fier tor-mento! ahi! che la pe-na l'uc-ci-de-

P.

Schön'
Ra-

P. Mäd-chen, jung und fein, viel weisser noch als Kreide! (sieht Monostatos).
gaz-za va-ga e bel-la, più chia-ra d'u-na stella

Fl.

Monostatos. (sieht Papageno).

M. Hu! das ist der Teu-fel si-cher-lich, das ist der
Uh! qualche dia-vo-lo co-stui sa-rà, qualche dia-vo-

P. Hu! das ist der Teu-fel si-cher-lich, das ist der
Uh! qualche dia-vo-lo co-stui sa-rà, qualche dia-vo-

Str.

M. Teu-fel si-cher-lich. Hab' Mit-leid! ver-
lo co-stui sa-rà. Mise-ri-cordia! per cari-

P. Teu-fel si-cher-lich. Hab' Mitleid! ver-schone mich!
lo co-stui sa-rà. Mise-ri-cordia! per ca-ri-tà!

Bl. Str. Bl. Str.

scho-ne mich! / tàl
Hu! / Uh!
Hu! / Uh!
Hu! / Uh!
Hu! / Uh! (Beide nach entgegengesetzter Richtung ab).

Pamina (spricht wie im Traum). Mutter — Mutter — Mutter! (Sie erholt sich, sieht sich um.) Wie?— Noch schlägt dies Herz? — Zu neuen Qualen erwacht? — O, das ist hart, sehr hart! — Mir bitterer, als der Tod. (Papageno tritt ein.)

Papageno. Bin ich nicht ein Narr, dass ich mich schrecken liess? — Es gibt ja schwarze Vögel in der Welt, warum denn nicht auch schwarze Menschen? — (Er erblickt Pamina.) Ah, sieh' da! Hier ist das schöne Fräuleinbild noch. — Du Tochter der nächtlichen Königin —

Pamina (erhebt sich). Nächtliche Königin? — Wer bist du?

Papageno. Ein Abgesandter der sternflammenden Königin.

Pamina (freudig). Meiner Mutter? — O Wonne! — Dein Name?

Papageno. Papageno.

Pamina. Papageno? — Papageno — ich erinnere mich, den Namen oft gehört zu haben; dich selbst aber sah ich nie.

Papageno. Ich dich ebenso wenig.

Pamina. Du kennst also meine gute, zärtliche Mutter?

Papageno. Wenn du die Tochter der nächtlichen Königin bist — ja!

Pamina. O, ich bin es.

Papageno. Das will ich gleich erkennen. (Er sieht das Portrait an, welches der Prinz zuvor empfangen, und das Papageno nun an einem Bande am Halse trägt.) Die Augen schwarz (blau) — richtig, schwarz (blau). — Die Lippen roth — richtig, roth. — Blonde Haare — blonde Haare. — Alles trifft ein, bis auf Händ' und Füsse. — — Nach dem Gemälde zu schliessen, sollst du weder Hände noch Füsse haben; denn hier sind keine angezeigt. (Zeigt ihr das Portrait).

Pamina. Erlaube mir — Ja, ich bin's! — Wie kam es in deine Hände?

Papageno. Ich muss dir das umständlicher erzählen. — Ich kam heute früh, wie gewöhnlich, zu deiner Mutter Palast mit meiner Lieferung.

Pamina. Lieferung?

Papageno. Ja, ich liefere deiner Mutter und ihren Jungfrauen schon seit vielen Jahren alle die schönen Vögel in den Palast. — Eben als ich im Begriffe war, meine Vögel abzugeben, sah ich einen Menschen vor mir, der sich Prinz nennen lässt. — Dieser Prinz hat deine Mutter so für sich eingenommen, dass sie ihm dein Bildniss schenkte und ihm befahl, dich zu befreien. — Sein Entschluss war so schnell, als seine Liebe zu dir.

Pamina. Liebe? (Freudig.) Er liebt mich also? O, sage mir das noch einmal; ich höre das Wort Liebe gar zu gern!

Papageno. Das glaub' ich dir; du bist ja ein Mädchen! — Wo blieb ich denn?

Pamina. Bei der Liebe.

Papageno. Richtig, bei der Liebe! Das nenn' ich Gedächtniss haben! Komm' mit! du wirst Augen machen, wenn du den schönen Jüngling erblickst.

Pamina. Wohl denn, es sei gewagt! (Sie gehen; Pamina kehrt um.) Aber wenn dies ein Fallstrick wäre — wenn dieser nun ein böser Geist von Sarastro's Gefolge wäre? — (Sieht ihn bedenklich an.)

Papageno. Ich ein böser Geist? — Wo denkst du hin? — Ich bin der beste Geist von der Welt.

Pamina. Vergieb, vergieb, wenn ich dich beleidigte! Du hast ein gefühlvolles Herz; das sehe ich in jedem deiner Züge.

Papageno. Ach, freilich habe ich ein gefühlvolles Herz! Aber was nützt mir das Alles? — Ich möchte mir oft alle meine Federn ausrupfen, wenn ich bedenke, dass Papageno noch keine Papagena hat.

Pamina. Armer Mann! Du hast also noch kein Weib?

Papageno. Noch nicht einmal ein Mädchen, viel weniger ein Weib! — Und unsereiner hat doch auch bisweilen seine lustigen Stunden, wo man gern gesellschaftliche Unterhaltung haben möchte. —

Pamina. Geduld, Freund! Der Himmel wird auch für dich sorgen; er wird dir eine Freundin schicken, ehe du dir's vermuthest.

Papageno. Wenn er sie nur bald schickte!

№ 7. DUETT.

50

Weib, und Weib und Mann rei-chen an die Gott-heit an,
uom se accop-pia amor, don-na ed uom ne go-de-rà,

Weib, und Weib und Mann rei-chen an die Gott-heit an,
uom se accop-pia amor, don-na ed uom ne go-de-rà,

an die Gott-heit an, an die Gott-heit an.
ne go-de-rà, ne go-de-rà. (Beide zusammen ab).

an die Gott-heit an, an die Gott-heit an.
ne go-de-rà, ne go-de-rà.

Verwandlung.

(Hain; in dessen Mitte drei Tempel. Auf dem mittleren (grössten) stehen die Worte „Tempel der Weisheit“ auf dem zur Rechten „Tempel der Vernunft“; auf dem zur Linken „Tempel der Natur.“ Die Tempel sind durch Säulengänge mit einander verbunden.)

№ 8. FINALE.

(Die drei Knaben [mit silbernen Palmzweigen] führen Tamino, der die Flöte umgehängt trägt, auf die Scene). 1. u. 2. Knabe.

Zum Zie-le führt dich die-se Bahn, doch
Te gui-da a pal-ma no-bi-le gar-

3. Knabe.

Zum Zie-le führt dich die-se Bahn, doch
Te gui-da a pal-ma no-bi-le gar-

musst du,Jüngling,männlich sie - gen. D'rum hö-re uns're Leh-re an: Sei standhaft, duldsam und ver-
zon, l'al-te - ro se - gno: ma fiane il pegno,in-do-mi-ta co-stan-za fe e si -

musst du,Jüngling,männlich sie - gen.D'rum hö-re uns're Leh-re an:Sei standhaft, duldsam und ver-
zon l'al-te - ro se - gno: ma fiane il pegno,in-do-mi-ta co-stan-za fe e si -

schwiegen!
len - zio.

Tamino.

schwiegen! Ihr hol-den Kna - ben,sag't mir an, ob ich Pa - mi - nen ret - ten
len - zio. Oh! a-mici Ge - ni-i voi di - te al-men, se la Pa - mi - na sal-var po -

1.u. 2.Knabe.

Dies kund zu thun, steht uns nicht an: Sei standhaft, duld-sam und ver-
Lo chiedi in van: ram-men-ta sol co - stan-za, fe - de e si -

3.Knabe.

kann! Dies kund zu thun, steht uns nicht an: Sei standhaft, duld-sam und ver-
trò? Lo chiedi in van: ram-men-ta sol co-stan-za, Fl.,Cl. fe - de e si -

schwiegen! Be - den-ke dies, kurz, sei ein Mann, dann,Jüngling, wirst_____ du männlich
len - zio! Pen - sa! qual es-ser de-i, e spera al - lor_____palme e tro-

schwiegen! Be - den-ke dies, kurz, sei ein Mann, dann,Jüngling,wirst du männlich
len - zio! Pen - sa! qual es-ser de-i, e spera al - lor palme e tro-

Sprecher.

T.

thum. Die Wor-te sind von ho-hem Sinn, al-lein, wie willst du die-se fin-den? Dich leitet

tù. Fa-vel-la degna d'un nobil cor, ma co-me speri giun-ger-vi ma-i? Tuoi duci a-

Str.   *mfp*   *p*

a tempo Adagio.

Sp.

Lieb und Tugend nicht, weil Tod und Ra-che dich ent-zün-den. Nur Ra-che für den

mor, vir-tù non son, ven-det-ta e sde-gno te guidan so-lo. È ver, ma contro un

a tempo Adagio.

cresc.   *f*

Sprecher.   **Tamino.** (schnell.)

T.

Bö-sewicht! Den wirst du wohl bei uns nicht fin-den. Sa-ra-stro herrscht in die-sen

em-pio! Che quì tro-var non si po-tri-a. Sa-ra-stro, di, non è quì Si-

p

Sprecher.   **Tamino.** (schnell).   **Sprecher.** (langsam)

T.

Gründen? Ja, ja, Sa-rastro herrschet hier. Doch in dem Weisheitstem-pel nicht? Er herrscht im

gno-re? Sì! sì! Sa-rastro è quì Sì-gnore. Nel tempio re-gna egli pur? In questo lo-co i-

fp

Tamino.   (er will gehen)   **Sprecher.**

Sp.

Weisheitstempel hier. So ist denn Al-les Heuche-lei! Willst du schon wieder geh'n?

stesso ei regna è ver. Dunque men-da-ce è quì vir-tù! Gar-zon! co-sì t'affretti?

f   *p*

Tamino.

Ja, ich will geh'n, froh und frei, nie eu-ren Tempel sehn!
Sì, vo partir, sì fuggo, fremo amirar quel tempio.

Sprecher.

Erklär'dich nä-her mir, dich
Me-glio ti spiega al men, for se tin-

Sp.

täu-schet ein Be-trug.
gan-na mi-se-ro error.

Tamino.

Sa-ra-stro woh-net hier; das ist mir schon genug.
Sa-rastro è vos-tro rè? sa-per di più non cu-ro.

Sprecher.

Wenn du dein Leben liebst, so re-de, blei-be da! Sa-rastro hassest du?
O morte attendi ovvero ri-spondi: non partir! o-di tu tanto dunque Sarastro?

Tamino.

Ich hass' ihn e-wig,
Sì, e sempre l'odie-

Sprecher.

ja! So gieb mir dei-ne Gründe an!
rò! Ma la ragion pa-le-sa.

Tamino.

Er ist ein Unmensch, ein Ty-rann!
E un bar-ba-ro, un ti-ranno!

Sprecher.

Ist das, was
E quali hai prove,

Sp.

du gesagt, er-wiesen?
on-de ac-cu-sar-lo?

Tamino.

Durch ein unglücklich Weib be-wiesen, das Gram und Jammer nie-der-
Assai lo pro-va d'u-na madre l'affanno, che notte è dì strugge il do-

nie? Ihr Un-sicht-ba-ren, sa-get mir: lebt denn Pa-mi-na
ma - i? deh Nu-me i-gno-to, parla: Pa-mi-na vi-ve.an

noch?
cor?

Sie lebt? sie lebt? ich
Ah, vi-ve! ah, vi-ve!

(freudig)

Ten. I u. II. sotto voce

CHOR.
(von innen) Pami - na, Pa-mi - na le-bet noch.
Bässe I u. II. sotto voce
Pa-mi - na, si, vi - ve Pa-mi-na ancor.

(Pos. m. Chor.)

Str. Str. f f

(er nimmt die Flöte in die Hände)

dan-ke euch da - für. O, wenn ich doch im Stande wä-re, All-mäch-ti-ge, zu eu-rer Eh-re, mit
Grazie, Nu-mi del ciel! Oh! se spiegar sapes-si almen, quel che nel cor io sen-to! in ogni ac-

f f f

(auf's Herz deutend)

je-dem To-ne meinen Dank zu schildern, wie er hier, hier ent-sprang!
cen-to i gra - ti sen-si mie-i come sfo-gar vor - re-i.

p f

Andante.

(Tamino spielt die Flöte. Sogleich kommen Thiere von allen Arten hervor um ihm zuzuhören. Die Vögel pfeifen dazu.)

Tamino (Sobald er zu spielen aufhört, fliehen die Thiere.)

Wie stark ist nicht dein Zau - ber - ton, weil, hol — de Flö - te, holde
Quel suo - no ohimè! quel suon per - chè all aspre sel - ve dà senso an - co - ra, le

(er spielt wieder.)

Flö - te, durch dein Spie - len selbst wil-de Thie-re Freu-de füh - len!
cru - de bel - ve mo - ve, le crude bel - ve mo - ve, e inna - mo - ra.

Wie stark ist nicht dein
Quel suon, per - chè dà

(er spielt.)

Zau - ber-ton, weil, hol - de
sen - - so! *per - chèalle*

la, ra la, la, la, la, ra la! Nie hab' ich so et-was ge-hört, noch ge-
la, ra la, la, la, la, ra la! La rab-bia va vi-a, o per - de il po-

(Sie entfernen sich singend und tanzend.)

seh'n, la, ra la, la, la, la, ra la, la, la, la, ra la! Nie hab' ich so et-was ge-
ter, la, ra la, la, la, la, ra la, la, la, la, ra la! La rab-bia va vi-a, o

hört, noch ge-seh'n, la, ra la, la, la, la, ra la, la, la, la, ra la!
per - de il po-ter, la, ra la, la, la, la, ra la, la, la, - la, ra la!

Pamina.

Könn-te je-der bra-ve Mann sol-che Glöckchen fin - den! Sei-ne Fein-de würden dann
Se po-tesse un suo-no e-gual rad-dol - cir la ter - ra, si ve-dreb-be fra mor-tal

Papageno.

Könn-te je-der bra-ve Mann sol-che Glöckchen fin - den! Sei-ne Fein-de würden dann
Se po-tesse un suo-no e-gual rad-dol - cir la ter - ra, si ve-dreb-be fra mor-tal

Str. Hörn.

p mf p mf

*) Hier folgen im Originaltextbuche vier Verse, die Mozart
nicht komponiert hat:

Beide: Die Wahrheit ist nicht immer gut,
Weil sie den Grossen wehe thut.
Doch wär sie allezeit verhasst,
So wär mein Leben mir zur Last.

Stets mög' er des Le-bens als Wei-ser sich freu'n, stets mög' er des Le-bens als
Lui cin-gan di lu-me gius'- ti-zia e sa-per, sia li -do-lo il Nu-me de'

stets mög' er des Le-bens als
gius - ti-zia e sa-per de'

Stets mög' er des Le-bens als Wei-ser sich freu'n, stets mög' er des Le-bens als
Lui cin-gan di lu-me gius - ti-zia e sa-per, sia li -do-lo il Nu-me de'

Freuden erge-ben!
mi -ri la ter-ra!

Stets mög' er des Le-bens als
gius - ti-zia e sa-per,

Ob. u. Fag.

Wei-ser sich freu'n! Er ist un-ser Ab-gott, dem Al - le sich weih'n, er ist un-ser Ab-gott, dem
no-stri pen-sier, sia l'i - do - lo, il Nu-me de' no-stri pen-sier, sia l'i - do - lo, il Nu-me de'

V. O.

(Sarastro ist aus dem Wagen gestiegen.)

Al - le sich weih'n, dem Al - le sich weih'n, dem Al - le sich weih'n.
nostri pen-sier, de' nostri pen-sier, de' nostri pen-sier.

tr   tr

Larghetto.   Pamina. (kniet vor Sarastro)

Herr, ich bin zwar Ver-brecherin; ich
Ah! per pie-tà, per-do-nami, fug-

tr   tr   Str. u. Holzbl.

gleich, den Göt - - - - - tern, den Göt tern gleich, den
or, l'e - tà, - - - - - sì l'e tà dell' or, l'e -

Göt - - - - tern, den Göt tern gleich, den Göt tern gleich, den
tà, - - - - - sì l'e tà dell' or, l'e tà dell' or, l'e -

Göt - tern gleich, den Göt - tern gleich. (Sarastro
tà dell' or, l'e - tà dell' or.

reicht Paminen die Hand und geht mit ihr zur Mittelpforte.) (Tamino und Papageno wenden sich an der

Hand der beiden Priester nach links zum Ausgange. Alle Übrigen gehen langsam ab.)

(Der Vorhang fällt.)

Ende des ersten Aufzuges.

ZWEITER AUFZUG.

(Palmenwald. Die Bäume sind silberartig, die Blätter von Gold. Auf jeder Seite stehen neun Pyramiden, jede mit einem Sitze versehen, vor welchem ein grosses schwarzes in Gold gefasstes Horn steht. In der Mitte befindet sich die grösste Pyramide, auch die grössten Bäume.)

Nº 9. MARSCH DER PRIESTER.

Andante.

(Priester treten von rechts und links vorn ein, schreiten feierlich nach hinten, begegnen sich in der Mitte, reichen sich

die Hände, kreuzen sich, gehen nach rechts und links vor und treten hinter die Hörner. Sarastro erscheint zuletzt

und stellt sich in die Mitte, vor ihm zwei „Sprecher", rechts und links die Priester.)

Sarastro (nach einer Pause.) Ihr, in dem Weisheitstempel eingeweihten Diener der grossen Götter Osiris und Isis! — Mit reiner Seele erklär' ich euch, dass unsere heutige Versammlung eine der wichtigsten unserer Zeit ist. — Tamino, ein Königssohn, wandelt an der nördlichen Pforte unseres Tempels und seufzt mit tugendvollem Herzen nach einem Gegenstande, den wir alle mit Mühe und Fleiss erringen müssen. Kurz, dieser Jüngling will seinen nächtlichen Schleier von sich reissen und in's Heiligthum des grössten Lichtes blicken. — Diesen Tugendhaften zu bewachen, ihm freundschaftlich die Hand zu bieten, sei heute eine unserer wichtigsten Pflichten.

Erster Priester. Er besitzt Tugend?

Sarastro. Tugend!

Zweiter Priester. Auch Verschwiegenheit?

Sarastro. Verschwiegenheit!

Dritter Priester. Ist wohlthätig?

Sarastro. Wohlthätig! — Haltet ihr ihn für würdig, so folgt meinem Beispiele.

(Die Priester blasen dreimal in die Hörner.)

Adagio.

Sarastro. Gerührt über die Einigkeit eu'rer Herzen, dankt Sarastro euch im Namen der Menschheit. — Pamina, das sanfte, tugendhafte Mädchen, haben die Götter dem holden Jünglinge bestimmt; dies ist der Grund, warum ich sie der stolzen Mutter entriss. — Das Weib dünkt sich gross zu sein, hofft durch Blendwerk und Aberglauben das Volk zu berücken und unser'n festen Tempelbau zu zerstören. Allein, das soll sie nicht! Tamino, der holde Jüngling selbst, soll ihn mit uns befestigen und als Eingeweihter der Tugend Lohn, dem Laster aber Strafe sein.

Erster Sprecher. Grosser Sarastro! deine weisheitsvollen Reden erkennen und bewundern wir; allein, wird Tamino auch die harten Prüfungen, so seiner warten, bekämpfen? — Er ist Prinz.

Sarastro. Noch mehr — er ist Mensch!

Der Sprecher. Wenn er nun aber in seiner frühen Jugend leblos erblasste?

Sarastro. Dann ist er Osiris und Isis gegeben, und wird der Götter Freuden früher fühlen, als wir.

Sarastro. Man führe Tamino mit seinem Reisegefährten in den Vorhof des Tempels ein. (Zum Sprecher, der vor ihm niederkniet.) Und du, Freund, vollziehe dein heiliges Amt und lehre durch deine Weisheit Beide, was Pflicht der Menschheit sei, lehre sie die Macht der Götter erkennen!

(Der Sprecher geht mit dem zweiten Priester ab. Die anderen Priester alle bilden mit ihren Palmzweigen einen Halbkreis um Sarastro.)

Nº 10. ARIE UND CHOR DER PRIESTER.

(Kurzer Vorhof des Tempels. Eingefallene Säulen und Pyramiden, einige Dornbüsche. An beiden Seiten führen Thüren in die Nebengebäude. Es ist Nacht. Entfernter Donner.)

(Tamino und Papageno werden vom Sprecher und dem zweiten Priester herein geführt. Diese lösen ihnen den Schleier ab und entfernen sich damit.)

Tamino. Eine schreckliche Nacht! — Papageno, bist du noch bei mir?

Papageno. I, freilich!

Tamino. Wo denkst du, dass wir uns nun befinden?

Papageno. Wo? Ja wenn's nicht finster wäre, wollt' ich dir's sagen — aber so — (Donnerschlag.) O weh! —

Tamino. Was ist's?

Papageno. Mir wird nicht wohl bei der Sache!

Tamino. Du hast Furcht, wie ich höre.

Papageno. Furcht eben nicht, nur eiskalt läuft's mir über den Rücken. (Starker Donnerschlag.) O weh!

Tamino. Was soll's?

Papageno. Ich glaube, ich bekomme ein kleines Fieber.

Tamino. Pfui, Papageno! Sei ein Mann!

Papageno. Ich wollt', ich wär' ein Mädchen! (Ein sehr starker Donnerschlag.) O! o! o! Das ist mein letzter Augenblick!

(Der Sprecher und der zweite Priester erscheinen mit Fackeln.)

Der Sprecher. Ihr Fremdlinge, was sucht oder fordert ihr von uns? Was treibt euch an, in unsere Mauern zu dringen?

Tamino. Freundschaft und Liebe.

Der Sprecher. Bist du bereit, sie mit deinem Leben zu erkämpfen?

Tamino. Ja!

Der Sprecher. Auch wenn Tod dein Loos wäre?

Tamino. Ja!

Der Sprecher. Prinz, noch ist's Zeit zu weichen — einen Schritt weiter, und es ist zu spät. —

Tamino. Weisheitslehre sei mein Sieg; Pamina, das holde Mädchen, mein Lohn!

Der Sprecher. Du unterziehst dich jeder Prüfung?

Tamino. Jeder!

Der Sprecher. Reiche mir deine Hand! — (Sie reichen sich die Hände.) So!

Zweiter Priester (zu Papageno.) Willst auch du dir Weisheitsliebe erkämpfen?

Papageno. Kämpfen ist meine Sache nicht. — Ich verlange auch im Grunde gar keine Weisheit. Ich bin so ein Naturmensch, der sich mit Schlaf, Speise und Trank begnügt; und wenn es ja sein könnte, dass ich mir einmal ein schönes Weibchen fange —

Zweiter Priester. Das wirst du nie erhalten, wenn du dich nicht unseren Prüfungen unterziehst.

Papageno. Worin besteht diese Prüfung?

Zweiter Priester. Dich allen unseren Gesetzen zu unterwerfen, selbst den Tod nicht zu scheuen.

Papageno. Ich bleibe ledig!

Zweiter Priester. Wenn nun aber Sarastro dir ein Mädchen aufbewahrt hätte, das an Farbe und Kleidung dir ganz gleich wäre?

Papageno. Mir gleich? — Ist sie jung?

Zweiter Priester. Jung und schön!

Papageno. Und heisst?

Zweiter Priester. Papagena.

Papageno. Wie? Pa_?

Zweiter Priester. Papagena!

Papageno. Papagena? — Die möcht' ich aus blosser Neugierde sehen.

Zweiter Priester. Sehen kannst du sie! —

Papageno. Aber wenn ich sie gesehen habe, hernach muss ich sterben?

Zweiter Priester (macht eine zweifelnde Geste.)

Papageno. Ja? — Ich bleibe ledig!

Zweiter Priester. Sehen kannst du sie, aber bis zur verlauf'nen Zeit kein Wort mit ihr sprechen. Wird dein Geist so viel Standhaftigkeit besitzen, deine Zunge in Schranken zu halten?

Papageno. O ja!

Zweiter Priester. Deine Hand! Du sollst sie sehen. (Sie reichen sich die Hände.)

Der Sprecher (zu Tamino.) Auch dir, Prinz, legen die Götter ein heilsames Stillschweigen auf; ohne dieses seid ihr Beide verloren. — Du wirst Pamina sehen, aber nicht sie sprechen dürfen; dies ist der Anfang eurer Prüfungszeit.

Nᵒ 11. DUETT.

2.Pr. Pflicht! Manch'wei-ser Mann liess sich be-rü-cken, er fehl-te, er fehl-te
è. Ne' lac_ci suoi por_tò tal_o_ra il sag_gio an_co_ra

Spr. Pflicht! Manch'wei-ser Mann liess sich be-rü-cken, er fehl-te, er fehl-te
è. Ne' lac_ci suoi por_tò tal_o_ra il sag_gio an_co_ra

Holzbl.
Str.

2.Pr. und versah sich's nicht. Ver-las-sen sah er sich am En-de, ver-gol-ten sei-ne Treu'mit
in_cau-to il piè! Poi tar_di vedeal fin scher_ni_to, men_ti_ta fede in_gra_to

Spr. und versah sich's nicht. Ver-las-sen sah er sich am En-de, ver-gol-ten sei-ne Treu'mit
in_cau-to il piè! Poi tar_di vedeal fin scher_ni_to, men_ti_ta fede in_gra_to

Clar. u. Fag.

sotto voce

2.Pr. Hohn! Ver-ge-bensrang er sei-ne Hän-de, Tod und Verzweif-lung war sein Lohn,
cor. Il suo de_testa a_mortra_di_to, e sol gli resta on_ta e ros_sor,

sotto voce

Spr. Hohn! Ver-ge-bensrang er sei-ne Hän-de, Tod und Verzweif-lung war sein Lohn,
cor. Il suo de_testa a_mortra_di_to, e sol gli resta on_ta e ros_sor,

V. Orch.
Fag.,Pos.,Br., Bässe.
mf f p

2.Pr. Tod und Verzweif-lung war sein Lohn.
e sol gli re_sta on_ta e ros_sor.

(Beide Priester nach links ab, wodurch es wieder dunkel wird.)

Spr. Tod und Verzweif-lung war sein Lohn.
e sol gli re_sta on_ta e ros_sor.

V. Orch.
p

Papageno. He, Lichter her! Lichter her! — Das ist
doch wunderlich: so oft einen die Herren verlassen,
sieht man mit offenen Augen nichts.

Tamino. Ertrag' es mit Geduld, und denke, es
ist der Götter Wille! *)

(Die drei Damen erscheinen aus der Versenkung.)

*) In neuester Zeit ist von G.R. KRUSE ein DUETT (Tamino und Papageno) gefunden worden (in einer alten geschriebenen Partitur des „Theaters an der Wien" in Wien), das an dieser Stelle seinen Platz hatte. Es ist zum erstenmale in einem von Dr A. Kopfermann verfassten Clavierauszuge der „Zauberflöte" (Berlin, bei Carl Paez) veröffentlicht worden und scheint nach allen bisher angestellten Untersuchungen wirklich authentisch zu sein. (S. Näheres darüber in den „Mittheilungen für die Berliner Mozart=Gemeinde," 7.Heft 1899.)

N⁰ 12. QUINTETT.

(Der Sprecher und der zweite Priester treten mit den Schleiern und Fackeln ein.)

Der Sprecher. Heil dir, Jüngling! Dein standhaft männliches Betragen hat gesiegt. Wir wollen also mit reinem Herzen unsere Wanderschaft weiter fortsetzen. (Er giebt ihm den Schleier um.) So! Nun komm'! (Er geht mit Tamino ab.)

Zweiter Priester. Was seh' ich! Freund, stehe auf! Wie ist dir?

Papageno. Ich lieg' in einer Ohnmacht!

Zweiter Priester. Auf! Sammle dich und sei ein Mann!

Papageno (steht auf.) Aber sag't mir nur, meine Herren, warum muss ich denn alle diese Qualen und Schrecken empfinden? — Wenn mir ja die Götter eine Papagena bestimmten, warum denn mit so viel Gefahren sie erringen?

Zweiter Priester. Diese neugierige Frage mag deine Vernunft dir beantworten. Komm'! Meine Pflicht heischt, dich weiter zu führen. (Er giebt ihm den Schleier um.)

Papageno. Bei so einer ewigen Wanderschaft möcht' einem wohl die Liebe auf immer vergehen! (Zweiter Priester geht mit ihm ab.)

Verwandlung.

(Garten im Vollmondschein. In der Mitte eine von Rosen überwachsene Laube, worin Pamina schläft.)

Monostatos (kommt von hinten und erblickt die vom Mondlicht beschienene Pamina.) Ha, da find' ich ja die spröde Schöne! Welcher Mensch würde bei so einem Anblicke kalt und unempfindlich bleiben? Bei allen Sternen, das Mädchen wird mich noch um meinen Verstand bringen! Das Feuer, das in mir glimmt, wird mich noch verzehren! (Er sieht sich um.) Wenn ich wüsste — dass ich so ganz allein und unbelauscht wäre, ich wagte es noch einmal. (Er macht sich Wind mit beiden Händen.) Ein Küsschen, dächte ich, liesse sich entschuldigen.

№ 13. ARIE.

96

Al — les fühlt der Lie — be Freu — den, schnä — belt, tän — delt, herzt und
D'rum so will ich, weil ich le — be, schnä — beln, küs — sen, zärt — lich
Re — gna a — mo — re in o — gni lo — co, scher — za, gio — ca, e frul — la o
Or — che al — men la sor — te è buo — na, pro — fit — tar — ne an ch'io po -

küsst; und ich sollt' die Lie — be mei — den, weil ein
sein. Lie — ber, gu — ter Mond, ver — ge — be: ei — ne
gnor: so — lo a me nega un bel fo — co per — chè
trò. San — ta Lu — na! mi per — do — na, me u — na

Schwar — zer häss — lich ist, weil ein Schwar — zer häss — lich ist!
Weis — se nahm mich ein, ei — ne Weis — se nahm mich ein!
bruno ho un pò il co — lor, per — chè bruno ho un pò il co — lor.
bian — ca in — na — mo — rò, me u — na bian — ca in — na — mo — rò.

Ist mir denn
Weiss ist schön;
As — mo — deo
Bian — ca af — fè!

Königin (zu Monostatos.) **Zurück!**

Pamina (erwacht.) **Ihr Götter!**

Monostatos (prallt zurück.) **O weh!** — Die Göttin der Nacht.

Pamina. **Mutter! Mutter! meine Mutter!** (Sie fällt ihr in die Arme.)

Monostatos. **Mutter?** — Hm, das muss man von weitem belauschen. (er schleicht ab.)

Königin. **Verdank' es der Gewalt, mit der man**

dich mir entriss, dass ich noch deine Mutter mich nenne! — (sie zieht einen Dolch hervor.) **Siehst du hier diesen Stahl?** — Er ist für Sarastro geschliffen. — **Du wirst ihn tödten und den mächtigen siebenfachen Sonnenkreis auf Sarastro's Brust, den dein Vater vor seinem Tode freiwillig den Eingeweihten übergab, mir überliefern.** (Sie dringt ihr den Dolch auf.)

Pamina. **Aber, liebste Mutter!** —

Königin. **Kein Wort!**

Nº 14. ARIE.

Pamina (den Dolch in der Hand.) Morden soll ich?— Götter, das kann ich nicht! — das kann ich nicht! (Steht in Gedanken.)

Monostatos (kommt schnell, heimlich und sehr freudig.)

Pamina. Götter, was soll ich thun?

Monostatos. Dich mir anvertrauen. (Er nimmt ihr den Dolch.)

Pamina (erschrickt.) Ha!

Monostatos. Warum zitterst du? Vor meiner schwarzen Farbe, oder vor dem ausgedachten Mord?

Pamina (schüchtern.) Du weisst also?—

Monostatos. Alles. — Du hast also nur einen Weg, dich und deine Mutter zu retten.

Pamina. Der wäre?

Monostatos. Mich zu lieben.

Pamina (zitternd, für sich.) Götter!

Monostatos. Nun, Mädchen! Ja oder Nein!

Pamina (entschlossen.) Nein!

Monostatos (voll Zorn.) Nein? (er erhebt den Dolch.) So fahre denn hin! (Sarastro, der rasch hinzugetreten, schleudert Monostatos zurück.) Herr, ich bin unschuldig! (er fällt auf die Kniee.)

Sarastro. Ich weiss, dass deine Seele ebenso schwarz als dein Gesicht ist. — Geh'!

Monostatos (im Abgehen.) Jetzt such' ich die Mutter auf, weil die Tochter mir nicht beschieden ist.

Pamina. Herr, strafe meine Mutter nicht! Der Schmerz über meine Abwesenheit —

Sarastro. Ich weiss Alles. Allein, du sollst sehen, wie ich mich an deiner Mutter räche.

Nº 15. ARIE.

Verwandlung.

(Eine kurze offene Halle. Eingänge rechts und links. Auf beiden Seiten vorn eine Steinbank.) (Tamino und Papageno werden ohne Schleier vom Sprecher und dem zweiten Priester hereingeführt.)

Der Sprecher. Hier seid ihr euch beide allein überlassen. — Sobald die Posaune tönt, dann nehmt ihr euren Weg (nach links zeigend) dahin! Prinz, lebt wohl! Noch einmal vergesst das Wort nicht: Schweigen! (er geht nach links ab.)

Zweiter Priester. Papageno! Wer an diesem Orte sein Stillschweigen bricht, den strafen die Götter durch Donner und Blitz. Leb' wohl! (er geht nach links ab.)

Tamino. (setzt sich auf die Bank links vorn.)

Papageno (nach einer Pause.) Tamino!

Tamino. St!

Papageno. Das ist ein lustiges Leben! — Wär' ich lieber in meiner Strohhütte, oder im Walde, so hört' ich doch manchmal einen Vogel pfeifen!

Tamino. (verweisend) St!

Papageno. Mit mir selbst werd' ich wohl sprechen dürfen; und auch wir zwei können zusammen sprechen; wir sind ja Männer.

Tamino. (verweisend) St!

Papageno. (singt) La la la— la la la! — Nicht einmal einen Tropfen Wasser bekommt man bei diesen Leuten, viel weniger sonst was.

(Ein altes hässliches Weib kommt mit einem grossen Becher mit Wasser, den sie Papageno reicht.)

Papageno. (sieht sie lange an.) Ist das für mich?

Das alte Weib. Ja, mein Engel!

Papageno. (sieht sie wieder an, trinkt.) Nicht mehr und nicht weniger als Wasser. — Sag' du mir, du unbekannte Schöne, werden alle fremden Gäste auf diese Art bewirthet?

Das alte Weib. Freilich, mein Engel!

Papageno. So, so! — Auf diese Art werden die Fremden auch nicht gar zu häufig kommen. —

Das alte Weib. Sehr wenig.

Papageno. Kann mir's denken. — Geh', Alte, setze dich her zu mir! mir ist die Zeit verdammt lange. —

Das alte Weib. (setzt sich zu ihm.)

Papageno. Sag' du mir, wie alt bist du denn?

Das alte Weib. Wie alt?

Papageno. Ja!

Das alte Weib. Achtzehn Jahr' und zwei Minuten.

Papageno. Achtzig Jahr' und zwei Minuten?

Das alte Weib. Achtzehn Jahr' und zwei Minuten.

Papageno. Ha ha ha! — Ei, du junger Engel! Hast du auch einen Geliebten?

Das alte Weib. I, freilich!

Papageno. Ist er auch so jung wie du?

Das alte Weib. Nicht gar; er ist um zehn Jahre älter.

Papageno. Um zehn Jahr' ist er älter als du? Das muss eine Liebe sein! — Wie nennt sich denn dein Liebhaber?

Das alte Weib. Papageno

Papageno. (erschrickt, Pause. Papageno? — Wo ist er denn, dieser Papageno?

Das alte Weib. Da sitzt er, mein Engel!

Papageno. Ich wär' dein Geliebter?

Das alte Weib. Ja, mein Engel!

Papageno. (nimmt schnell das Wasser und spritzt ihr ins Gesicht.) Sag' du mir, wie heisst du denn?

Das alte Weib. Ich heisse— (Starker Donner, die Alte hinkt schnell nach rechts ab.)

Papageno. O weh!

Tamino. (steht auf und droht ihm mit dem Finger.)

Papageno. Nun sprech' ich kein Wort mehr!

(Die drei Knaben kommen in einem mit Rosen bedeckten Flugwerk. Einer von ihnen trägt die Flöte, ein anderer das Glockenspiel.)

№ 16. TERZETT.

1. u. 2. Knabe.
Seid uns zum zwei-ten-mal willkom-men, ihr Männer, in Sa-
Già fan ri-tor-no i geni-i a-mi - ci: i - te fe-li-ci al

3. Knabe.
Seid uns zum zwei-ten-mal willkom-men, ihr Männer, in Sa-
Già fan ri-tor-no i geni-i a-mi - ci: i - te fe-li-ci al

(Ein goldener Tisch mit Speisen und Getränken kommt von unten herauf.)

(Während des Terzetts überreichen sie Tamino die Flöte, Papageno das Glockenspiel und entfernen sich dann.)

Papageno. Tamino, wollen wir nicht speisen?

Tamino. (bläst auf seiner Flöte.)

Papageno. (während er mit Appetit isst.) Blase du nur fort auf deiner Flöte; ich will meine Brocken blasen! — Herr Sarastro führt eine gute Küche. — Auf die Art, ja, da will ich schon schweigen, wenn ich immer solche gute Bissen bekomme. Nun, ich will sehen, ob auch der Keller so gut bestellt ist. (Er trinkt.) Ha! das ist Götterwein! (Tamino hört auf zu spielen.)

Pamina. (tritt von links ein; freudig.) Du hier? —

Gütige Götter! Dank euch! Ich hörte deine Flöte und so lief ich pfeilschnell dem Tone nach. — Aber du bist traurig? — Sprichst nicht eine Silbe mit deiner Pamina? Liebst du mich nicht mehr?

Tamino. (seufzt) Ah! (Er winkt ihr fort.)

Pamina. Papageno, sage du mir, sag; was ist meinem Freunde?

Papageno. (hat einen Brocken im Munde; winkt ihr, fortzugehen.)

Pamina. Wie? Auch du? — O, das ist mehr als Tod! (Pause.) Liebster, einziger Tamino!

Nº 17. ARIE.

Pam. Seh-nen, der Liebe Seh-nen, so wird Ru - he, so wird Ruh' im To - de
mi - o, al pianto *mi - o,* tron - chi mor - te il mio pe - nar, il mio pe -

Pam. sein, fühlst du nicht der Lie-be Sehnen, fühlst du nicht der Lie-be Sehnen, so wird
nar, più pie-tosa al pianto *mi - o,* più pie - to - sa al pian - to *mi - o,* tron - chi

Pam. Ru - he, so — wird Ruh' im To - de sein, so wird Ruh' — im To - de sein, im To - de
mor - te il mio — pe - nar, il mio pe - nar, tron-chi mor - te il mio — pe - nar, il mio pe -

Pam. sein, im To - de sein. *(Sie geht traurig nach rechts ab.)*
nar, il mio — pe - nar.

Papageno. (isst hastig) Nicht wahr, Tamino, ich kann auch schweigen, wenn's sein muss? — (Er trinkt.) Der Herr Koch und der Herr Kellermeister sollen leben! (Der Bläseraccord [s.8i]ertönt)

Tamino. (winkt Papageno, dass er mit ihm gehen solle).

Papageno. Geh' du nur voraus; ich komme schon nach!

Tamino (will ihn mit Gewalt fortführen).

Papageno. Der Stärkere bleibt da! (Tamino geht fort). Jetzt will ich mir's erst recht wohl sein lassen. Da ich bei meinem besten Appetit bin, soll ich gehen? Das lass' ich wohl bleiben. Ich gienge jetzt nicht fort, und wenn Herr Sarastro seine sechs Löwen an mich spannte! (Die Löwen erscheinen; er erschrickt.) O Barmherzigkeit, ihr gütigen Götter! Tamino rette mich! — Die Herren Löwen machen eine Mahlzeit aus mir.

Tamino (kommt schnell zurück und bläst auf seiner Flöte; die Löwen entfernen sich. Tamino winkt ihm, mit ihm zu gehen)

Papageno. Ich gehe schon! Heiss' du mich einen Schelmen, wenn ich dir nicht in Allem folge! (Der Bläseraccord ertönt abermals.) Das geht uns an. — Wir kommen schon! — Aber hör' einmal, Tamino, was wird denn noch alles mit uns werden?

Tamino. (deutet gen Himmel).

Papageno. Die Götter soll ich fragen?

Tamino. (deutet „Ja").

Papageno. Ja, die könnten uns freilich mehr sagen, als wir wissen! (Der Bläseraccord ertönt noch einmal.)

Tamino. (reisst ihn mit Gewalt fort.)

Papageno. Eile nur nicht so! wir kommen noch immer zeitig genug, um uns braten zu lassen. (Beide ab nach links. Der Tisch versinkt.)

Verwandlung.

(Das Innere einer Pyramide. Es ist halbdunkel. Priester mit kleinen transparenten Pyramiden in den Händen, Sarastro ihnen voran, treten ein. Sarastro stellt sich in ihre Mitte.)

Nº 18. CHOR DER PRIESTER.

(Sarastro giebt einen Wink nach links hin. Zwei Priester führen Tamino, den der Schleier bedeckt, herein.)

Sarastro. Prinz, dein Betragen war bisher männlich und gelassen; nun hast du noch zwei gefährli-
che Wege zu wandern. Schlägt dein Herz noch e-
benso warm für Pamina und wünschest du einst
als ein weiser Fürst zu regieren, so mögen die
Götter dich ferner begleiten! — Deine Hand! (Er
giebt einen Wink nach rechts hin.) **Man bringe Pamina!**
(Tiefe Stille unter den Priestern. Zwei von ihnen holen Pamina, welche auch mit einem Schleier bedeckt ist.)

Pamina. Wo bin ich? — Welch' eine fürchterliche
Stille! — Saget, wo ist mein Jüngling?

Sarastro. Er wartet deiner, um dir das letzte
Lebewohl zu sagen.

Pamina. Das letzte Lebewohl? — O, wo ist er? —
Führ't mich zu ihm!

Sarastro. (löst Tamino's Schleier) Hier!

Pamina. (entzückt). Tamino!

Tamino. (sie von sich weisend). Zurück!

№ 19. TERZETT.

(Pamina wird von zwei Priestern nach links abgeführt, Sarastro entfernt sich, Tamino an der Hand, nach rechts, die Priester folgen.)

(Es wird dunkel.)

Papageno. (von aussen links). Tamino! Tamino! Willst du mich denn gänzlich verlassen? (er kommt tappend herein) Wenn ich nur wenigstens wüsste, wo ich wäre! — Tamino! — Tamino! — So lang' ich lebe, bleib' ich nicht mehr von dir! — Nur diesmal verlass' mich armen Reisegefährten nicht! (Er kommt an die Thür links vorn.)

Eine Stimme. (ruft): Zurück! (Donnerschlag; das Feuer schlägt zur Thür heraus.)

Papageno. Barmherzige Götter! — Wo wend' ich mich hin? Wenn ich nur wüsste, wo ich herein-kam! (Er kommt an die Thür, wo er hereinkam.)

Die Stimme. Zurück! (Donner und Feuer wie oben.)

Papageno. Nun kann ich weder vorwärts noch zurück! (er weint) Muss vielleicht am Ende gar verhungern! — Schon recht! — Warum bin ich mitgereist!

Der Sprecher. (tritt mit seiner Pyramide rechts ein.) Mensch!

Du hättest verdient, auf immer in finsteren Klüften der Erde zu wandern — die gütigen Götter aber entlassen dich der Strafe. — Dafür aber wirst du das himmlische Vergnügen der Eingeweihten nie fühlen.

Papageno. Je nun, es gibt noch mehr Leute meines Gleichen! — Mir wäre jetzt ein gut' Glas Wein das grösste Vegnügen.

Der Sprecher. Sonst hast du keinen Wunsch in dieser Welt?

Papageno. Bis jetzt nicht.

Der Sprecher. Man wird dich damit bedienen! — (ab) (Sogleich kommt ein grosser Becher, mit rothem Wein angefüllt, aus der Erde.)

Papageno. Juchhe! da ist er schon! — (Trinkt) Herrlich! — Himmlisch! — Göttlich! — Ha! ich bin jetzt so vergnügt, dass ich bis zur Sonne fliegen wollte, wenn ich Flügel hätte! — Ha! — Mir wird ganz wunderlich um's Herz! — Ich möchte — ich wünschte — ja, was denn?

№ 20. ARIE.

(Papageno spielt das Glockenspiel.)

Andante.

Str. u. Glockenspiel.

Papageno.

Ein Mäd-chen o-der Weib-chen wünscht Pa-pa-ge-no
Co-lomba o tor-to-rel-la vor-ria l'uc-cel-la-

sich, o, so ein sanf-tes Täub-chen wär' Se-lig-keit für
tor, sia don-na, o sia don-zel-la, com-pa-gna del suo

mich, wär' Se-lig-keit für mich, wär' Se-lig-keit für mich!
cor, com-pa-gna del suo cor, com-pa-gna del suo cor.

Allegro.

Dann schmeckte mir Trin-ken und
Che ber, che man-giar che fa-

m. Fag. u. Hörn.

Es - sen, dann könnt' ich mit Für-sten mich mes - sen, des Le-bens als Wei-ser mich freuh und
re - i! di più do-man-dar non sa - pre - i, la vi - ta d'un sag-gio te-ner — e

wie im E-ly-si-um sein, dann könnt'ich mit Für-sten mich
come a-gliE-li-si go-der, la vi-ta d'un sag-gio te-

mes-sen, des Lebens als Wei-ser mich freuh - und wie im E-ly-si-um sein,
ner, la vi-ta d'un sag-gio te-ner — e come agli E-li-si go-der, e

im E-ly-si-um sein, im E-ly-si-um sein!
come agli E-li-si go-der, e come agli E-li-si go-der.

Andante.

(Das alte Weib kommt tanzend und auf ihren Stock dabei sich stützend herein.)

Das alte Weib. Da bin ich schon, mein Engel!

Papageno. Du hast dich meiner erbarmt?

Das alte Weib. Ja, mein Engel!

Papageno. Das ist ein Glück!

Das alte Weib. Und wenn du mir versprichst, mir ewig treu zu bleiben, dann sollst du sehen, wie zärtlich dein Weibchen dich lieben wird.

Papageno. Ei, du zärtliches Närrchen!

Das alte Weib. O, wie will ich dich umarmen, dich liebkosen, dich an mein Herz drücken!

Papageno. Auch an's Herz drücken?

Das alte Weib. Komm', reiche mir zum Pfand unseres Bundes deine Hand!

Papageno. Nur nicht so hastig, lieber Engel! So ein Bündniss braucht doch auch seine Überlegung.

Das alte Weib. Papageno, ich rathe dir, zaud're nicht! — Deine Hand, oder du bist auf immer hier eingekerkert.

Papageno. Eingekerkert?

Das alte Weib. Wasser und Brot wird deine tägliche Kost sein. — Ohne Freund, ohne Freundin musst du leben und der Welt auf immer entsagen.

Papageno. Wasser trinken? — Der Welt entsagen? — Nein, da will ich doch lieber eine Alte nehmen, als gar keine. — Nun, da hast du meine Hand mit der Versicherung, dass ich dir immer getreu bleibe, (für sich) so lang' ich keine Schönere sehe.

Das alte Weib. Das schwörst du?

Papageno. Ja, das schwör' ich!

Das alte Weib. (verwandelt sich in ein junges Mädchen, welches ebenso gekleidet ist, wie Papageno.)

Papageno. Pa - Pa -Papagena! — (Er will sie umarmen.)

Der Sprecher. (kommt und nimmt sie bei der Hand). Fort mit dir, junges Weib! Er ist deiner noch nicht würdig! (Er schleppt sie hinaus; Papageno will nach.) Zurück! sag' ich.

Papageno. Eh' ich mich zurückziehe, soll die Erde mich verschlingen. (Er sinkt hinab.) O ihr Götter! (Er springt wieder heraus und läuft rechts ab.)

Verwandlung.

(Kurzer Palmengarten.)

№ 21. FINALE.

die Göt - ter schü - tzen sie, schü - tzen sie, schü - tzen sie.
il mar l'e - stin - gue - rà, l'e - stin - gue - rà, l'e - stin - gue - rà.

Göt - ter selb - sten schü - tzen sie, schü - tzen sie, schü - tzen sie.
tut - to il mar l'e - stin - gue - rà, l'e - stin - gue - rà, l'e - stin - gue - rà.

Göt - ter selb - sten schü - tzen sie, schü - tzen sie, schü - tzen sie.
tut - to il mar l'e - stin - gue - rà, l'e - stin - gue - rà, l'e - stin - gue - rà. (Sie gehen Alle nach links ab.)

Verwandlung. (Wilde Felsengegend mit einem eisernen Mittelthore. Rechts und links eiserne Thore als Eingänge. Im Hintergrunde zu beiden Seiten des Mittelthores Felsenhöhlen; in der einen rechts sieht man durch ein eisernes Gitter eine brausende Wasserfluth, in der anderen links eine hellflammende Feuergluth. Es ist halbdunkel.)

Adagio.

(Zwei geharnischte Männer stehen mit Lanzen vor dem eisernen Mittelthore. Auf ihren Helmen brennt Feuer)

Erster geharnischter Mann.

Der, wel-cher wandelt die-se Stra-sse voll Be-schwer-den,

Chi in que-ste spon-de la vir-tù cer-cae la pa-ce,

Zweiter geharnischter Mann.

Der, wel-cher wandelt die-se Stra-sse voll Be-schwer-den,

Chi in que-ste spon-de la vir-tù cer-cae la pa-ce,

(Holzbl. u. Pos. mit den Singstimmen.)

1. geh. M.

wird rein durch Feu-er, Was-ser, Luft und Er-

la ter-ra e l'on-de, il fo-co af-fron-ti eil ge-

2. geh. M.

wird rein durch Feu-er, Was-ser, Luft und Er-

la ter-ra e l'on-de, il fo-co af-fron-ti eil ge-

1. geh. M.

den. Wenn er des

lo. E sei ter-

2. geh. M.

den. Wenn er des

lo. E sei ter-

1. geh. M.

To-des Schrecken ü-berwin-den kann, schwingt er sich

ro-ri del-la mor-te vin-cer sa, l'au-ra-te

2. geh. M.

To-des Schrecken ü-berwin-den kann, schwingt er sich

ro-ri del-la mor-te vin-cer sa, l'au-ra-te

(Die beiden Priester kommen mit Pamina.)

Str.

138

Pam. sein. Spiel' du die Zau-ber- -flö-te an! sie schütze uns auf uns'rer
rà. Ma degl' in-can-ti è te-co il suon! pe-ri-gli e pian-ti, ei vin-ce

Pam. Bahn! Es schnitt in ei-ner Zauber-stun-de meinVater sie austiefstem
rà. D'an-no-so al-lo-ro un-dì for-mò si bel la-vo-ro il ge-ni-

Pam. Grun-de der tau-sendjähr'gen Eiche aus, bei Blitz und Donner, Sturm und Braus. Nun
tor. E lu-ci in fe-ste erano in ciel, tuoni e tem-peste, om-bre e fragor. Fa

Pam. komm' und spiel' die Flöte an! sie lei-te uns auf grau-ser Bahn! Wir wan-deln
pro-va o-mai del suo po-ter: aspro è, lo sai, cru-do il sen-tier. D'un sag-gio ar-

Tamino.
Wir
D'un

Pam. To - des dü - st're Nacht, dü - st're Nacht, dü - st're Nacht.
rir, fia vin - ci - tor, vin - ci - tor, vin - ci - tor.

T. To - des dü - st're Nacht, dü - st're Nacht, dü - st're Nacht.
rir, fia vin - ci - tor, vin - ci - tor, vin - ci - tor.

1.geh M. To - des dü - st're Nacht, dü - st're Nacht, dü - st're Nacht.
rir, fia vin - ci - tor, vin - ci - tor, vin - ci - tor.

2.geh M. To - des dü - st're Nacht, dü - st're Nacht, dü - st're Nacht.
rir, fia vin - ci - tor, vin - ci - tor, vin - ci - tor.

MARSCH. (Tamino und Pamina durchwandeln die Feuerhöhle, indem diese ihre Hand auf Tamino's Schulter legt, wobei er auf der Flöte spielt.)

Adagio.

Offene Verwandlung. (Die Felsen weichen zurück. Man sieht in einen hell erleuchteten, mit Priestern erfüllten Tempel.)

Pamina.

Ihr Götter, welch' ein Augenblick! Ge-wäh-ret ist uns I-sis' Glück.
Il gorgo on-do-so si var-co, ah! noi pie-to-so un Dio sal-vò.

Tamino.

Ihr Götter, welch' ein Augenblick! Ge-wäh-ret ist uns I-sis' Glück.
Il gorgo on-do-so si var-co, ah! noi pie-to-so un Dio sal-vò.

Allegro.

Sopran.

Tri-umph, Triumph, Tri-umph, du ed-les Paar! Be-sieget

Alt.

Non più, non più, non più, vince-ste già, or voi vir-

Tenor. CHOR (von innen).

Tri-umph, Triumph, Tri-umph, du ed-les Paar! Be-sieget

Bässe.

Non più, non più, non più, vince-ste già, or voi vir-

Allegro.

hast du die Ge-fahr! Der I-sis Wei-he ist nun dein! Komm't, komm't,
Vien, vien,

lù co-ro-ne-rà! il rito ar-ca-noite a com-pir! Komm't,

hast du die Ge-fahr! Der I-sis Wei-he ist nun dein! Vien,

lù co-ro-ne-rà! il rito ar-ca-noite a com-pir! Komm't,
Vien,

Verwandlung. (Der Garten von vorher. Heller Tag.)

Papageno (mit einem Strick umgürtet, pfeift auf seinem Waldflötchen.)

Allegro.

Papageno.

Papa - gena! Papa - gena! Papa - ge - na!
Papa - gena, Papa - gena, Papa - ge - na!

P.

Weibchen, Täubchen, meine Schö-ne! Ver - gebens!
Ca - ra! bel - la tor - to - rel - la! Eh! non

P.

Ach, sie ist ver - loren; ich bin zum Unglück schon ge - bo - ren! Ich plauderte,
sen - te sen'è an - da - ta! Ah! l'ho fa - ta la frit - ta - ta. La lingua,

sonst, es ist ver-gebens! Mü-de bin ich mei-nes Le-bens, sterben macht der Lieb' ein
pur! la m'è spa-ri-ta, che m'im-por-ta del-la vi-ta, ah! se ho sem-pre da bru-

End', wenn's im Her-zen noch so brennt. (nimmt den Strick und wendet sich zum Die-sen
ciar,___ meg-lio è su-bi-to cre-par. hervorstehenden Ast eines Baumes.) Quel grand'

Baum da will ich zie-ren, mir an ihm den Hals zu-
al-be-ro par na-to, par gua-ri reun di-spe-

schnüren, weil das Le-ben mir mis-fällt. Gu-te Nacht, du fal-sche Welt! Weil du
ra-to, ch'ab-bia un frut-to sen-za fior! Ad-dio, mon-do tra-di-tor! tu mi

bö-se an mir handelst, mir kein schö-nes Kind zu-ban-delst, so ist's aus, so sterbe
fai tant' ap-pe-ti-to, e non vuoi, ch'io sia ma-ri-to? mondo ad-dio, re-sti chi

ich. Schö - ne Mädchen, denk't an mich, schö - ne Mäd-chen,denk't an mich!
c'è! Don - ne mie, pen-sa-te a me, don - ne mie, pen-sa-te a me!

Will sich ei - ne um mich Ar-men, eh' ich hän - ge, noch er -
Ma se pri - ma d'im-pic-car-mi, una al - men vuol con so -

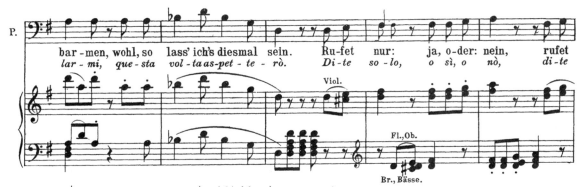

bar-men, wohl, so lass' ich's diesmal sein. Ru-fet nur: ja, o-der: nein, rufet
lar - mi, que-sta vol-ta as-pet-te-rò. Di - te so - lo, o sì, o nò, di-te

nur: ja, o-der: nein! Keine hört mich; Alles
so - lo, o sì, o nò! Tutte sor - de! tutte

stil - le, Al - les, Al - les stille! Al - so ist es eu - er Wille? Pa-pa-
che - te, tu - te, tu - te chete! Don - ne mie, voi lo vo-le-te? Pa-pa-

nichts zurü - cke hält, gu-te Nacht, du fal-sche Welt, gu-te Nacht, du fal-sche

ve - roo-ra si mor! Addio mon - do tra-di - tor! addio, mon - do tra-di-

(Die drei Knaben eilen von rechts herbei.)

Allegretto. 1. Knabe.

Halt' ein, halt' ein, o Pa-pa - ge-no, und sei klug; man lebt nur

Che fai! che fai! O Pa-pa - ge-no, pen-sa ben, chi se n'an-

2. Knabe.

Halt' ein, halt' ein, o Pa-pa - ge-no, und sei klug; man lebt nur

Che fai! che fai! O Pa-pa - ge-no, pen-sa ben, chi se n'an-

3. Knabe.

Halt' ein, halt' ein, o Pa-pa - ge-no, und sei klug; man lebt nur

Che fai! che fai! O Pa-pa - ge-no, pen-sa ben, chi se n'an-

Welt! (er will sich aufhängen)

tor!

Allegretto.

Holzbl.

cresc. Str. m. Hörn. *f* *p* Str.

1. K.
2. K.

einmal, dies sei dir ge - nug, man lebt nur ein-mal, dies sei dir ge - nug!

dò due vol-te non ri - vien, chi se n'an-dò due vol-te non ri - vien.

3. K.

einmal, dies sei dir ge - nug, man lebt nur ein-mal, dies sei dir ge - nug!

dò due vol-te non ri - vien, chi se n'an-dò due vol-te non ri - vien.

Papageno.

Ihr habt gut

Bur-la - te

Allegro.

*) Hier waren fünf Verse, die Mozart nicht componirt hat: **Die drei Knaben.** Komm' her, du holdes, liebes Weibchen!
Dem Mann sollst du dein Herzchen weih'n!
Er wird dich lieben, süsses Weibchen,
Dein Vater, Freund und Bruder sein!
Sei dieses Mannes Eigenthum!....

Verwandlung.
(Kurze Felsengegend. Es ist Nacht.)
(Die Königin der Nacht mit ihren drei Damen, brennende schwarze Fackeln in der Hand tragend, kommen von links. Monostatos geht zur linken Seite der Königin.)

Più moderato.

*) Hier folgen noch vier Verse, die Mozart nicht componirt hat.

Beide. Wenn dann die Kleinen um sie spielen,
Die Eltern gleiche Freuden fühlen,
Sich ihres Ebenbildes freu'n:
O, welch' ein Glück kann grösser sein!

160

K.

sein,
sar,

mein Kind soll dei - ne Gat - tin sein.
sì, la Pa - mi - na haida spo-sar.

1. Dame.

Ihr Kind, ihr Kind soll dei - ne Gat - tin sein.
Sì, la Pa - mi - na, Pa - mi - na haida spo-sar.

2. Dame.

Ihr Kind, ihr Kind soll dei - ne Gat - tin sein.
Sì, la Pa - mi - na, Pa - mi - na haida spo-sar.

3. Dame.

Ihr Kind soll dei - ne Gat-tin, soll dei - ne Gat - tin sein.
Sì, la Pa - mi - - na, Pa - mi - na haida spo-sar.

V. O.

(Man hört dumpfen Donner, Geräusch von Wasser.)

Monostatos.

Doch still! ich hör' es schreck-lich rauschen, wie Don-ner - ton und Was - ser-
Ma stà, che sen-to! oh che fra - cas - so, è pioggia,è ven - to,è tem - pe-

mf p mf p

Die Königin.

Ja, fürch-ter-lich ist die-ses Rau-schen, wie fernen Don-ners Wieder - hall!
Oh ciel! qual freme orribil suo - no, da lungo il tuo - no odi eccheg-giar!

1. Dame.

Ja, fürch-ter-lich ist die-ses Rau-schen, wie fernen Don-ners Wieder - hall!
Oh ciel! qual freme orribil suo - no, da lungo il tuo - no odi eccheg-giar!

2. Dame.

Ja, fürch-ter-lich ist die-ses Rau-schen, wie fernen Don-ners Wieder - hall!
Oh ciel! qual freme orribil suo - no, da lungo il tuo - no odi eccheg-giar!

3. Dame.

Ja, fürch-ter-lich ist die-ses Rau-schen, wie fernen Don-ners Wieder - hall!
Oh ciel! qual freme orribil suo - no, da lungo il tuo - no odi eccheg-giar!

M.

fall.
star.
Holzbl.

V. O.

Str. tr

mf p

(Der Vorhang fällt.)

Ende der Oper.